LA TENEBROSA ENCICLOPEDIA

(Debemos advertirte que todo este libro fue escrito de noche... y con miedo).

LA TENEBROSA ENCICLOPEDIA

Kirén Miret

Ilustraciones de Alberto Montt

Planeta

Diseño de portada e interiores: Lucero Vázquez Téllez
Ilustración de portada: Alberto Montt
Investigación: Chémi Pérez y Joel Hernández Cazorla

© 2016, Editorial Planeta Mexicana, S.A. de C.V.
Bajo el sello editorial PLANETA M.R.
Avenida Presidente Masarik núm. 111, Piso 2
Colonia Polanco V Sección
Deleg. Miguel Hidalgo
C.P. 11560, Ciudad de México
www.planetadelibros.com.mx

Primera edición: noviembre de 2016
ISBN: 978-607-07-3748-0

Impreso en los talleres de Litográfica Ingramex, S.A. de C.V.
Centeno núm. 162-1, colonia Granjas Esmeralda, Ciudad de México
Impreso y hecho en México – *Printed and made in Mexico*

A la Reina Roja, como siempre y para siempre.

A Maia, por ser tan increíblemente
culta, divertida e inteligente.

A Jus, mi nana amada, por cuidarme tanto
y tan amorosamente, a Dora, por ser quien es, y
a Diego, mi casi hermano, por estar siempre.

Y a ti, T-Rex, por tantísimas razones
que tendría que escribir otro libro para explicártelas.

INTRODUCCIÓN

El mundo está lleno de cosas odiosas que dan mucho miedo y me ponen nerviosa. No importa si eres una niña tímida o un niño valiente, no importa si eres una niña fuerte o un niño caguengue. Las mamás y los papás también tienen miedo, pero lo disimulan para no caer en el juego. Han sentido miedo los políticos y los futbolistas, los curas viejos y los periodistas. Luego están los físicos nucleares y los que viajan en naves espaciales, los maratonistas y los que ganan copas mundiales, los atletas y los alpinistas, los doctores y los anarquistas.

Ellos, todos ellos, también han sentido miedo.

Hay cosas horribles que nos inmovilizan, así que más vale tener el temple de un trapecista. Hay brujas malvadas y casas abandonadas, feos rateros, papás peleoneros, maestras gritonas y arañas patonas. Existe el dentista, la gente racista, los niños molestones y la boleta de calificaciones.

Están los que del susto se hacen pipí en los calzones y están los que huyen sin consideraciones. Unos se comen las uñas, mientras otros hacen de las suyas. Algunos se esconden y otros, nada más, no responden.

El miedo se oculta en partes absurdas: en el espejo raído o con el psicoanalista, en la caja de cedro o con el vecino pianista.

Lo mismo da si tienes seis o cien años, si eres pobre o un rico empresario, porque el miedo no distingue entre un rey y un lacayo.

Si eres de los míos y sólo cierras los ojos, agárrate bien que esto es un gozo. El miedo es feo, nadie lo niega, pero nada como llegar a la escuela sin haber hecho la tarea.

ÍNDICE

Arañas

Casi todo el mundo le teme a las arañas, pues los bichos rastreros suelen impresionarnos mucho; no sé si se debe a las ocho patas, los ojos saltones, sus habilidades tejedoras o simplemente a la mala fama que las ha acompañado desde siempre, pero invariablemente la primera reacción es darles un zapatazo letal que las deje pintadas en la pared (ya alguien hará después la penosa labor de quitarlas con cincel).

Arañas

Existen arañas de todos los tamaños, colores y modelos. Y no, no todas son venenosas ni malvadas como nos lo han hecho creer. Las hay pequeñitas y saltarinas, pero muy amigables y simpáticas; hay arañones patudos y muy torpes con un cuerpo pequeño y redondeado, que resultan completamente inofensivas para los humanos; hay tarántulas gordas y peludas con ojos grandotes que nos provocan repeluz, y hay también arañas con muy buena pinta que de una sola mordida son capaces de matar a un caballo de 500 kilos sin dejar más huella que dos inocentes piquetitos.

Las arañas (pertenecientes a la familia de los arácnidos) me parecen asombrosas por muchísimas razones: son unas extraordinarias e incansables tejedoras y, no conformes con ello, producen su propio estambre (¿te imaginas cargar una fábrica de hilos de seda?). Son grandes cazadoras (aunque sean pequeñas) y, en algunos casos, pescadoras. Pueden caminar por el techo, de cabeza y sin caerse; además, capturan moscas y todo tipo de bichos que rondan por sus terruños, con los cuales se alimentan por largos días. Las telarañas tienen figuras geométricas increíbles y están hechas de un material tan resistente como una barra de acero; por si fuera poco, pueden estirarse muchísimo antes de romperse y son capaces de soportar muy bajas o muy altas temperaturas. Imagínate, además, cuánta curiosidad causaron estos bichos y sus creaciones en los científicos cuando un grupo de

investigadores mandó al espacio a Anita y a Arabella, dos simpáticas arañas que siguieron tejiendo casi como solían hacerlo, aunque su hilo era ligeramente más delgado. ¡Todo un misterio para la ciencia!, ¿no te parece?

Por si te preguntas cómo es que las arañas tejen sus redes: ellas tienen en sus cuerpos unas glándulas con una proteína que se convierte en una peculiar seda. Así que sólo necesitan proponerse entrar en acción para producir unos finos hilos, los cuales, al contacto con el aire, se volverán sólidos y estarán listos para empezar a formar una maravillosa telaraña.

Y no es por nada, pero a diferencia de las cucarachas, que me dan asco, ñáñaras y terror, las arañas me caen increíblemente bien. Aunque sé que te costará creerlo, cada vez que me encuentro con alguna que pasea por la regadera mientras me baño, apago el chorro del agua, la subo a la esponja y espero a que pacientemente salga por la ventana. Quizás en otra vida fui una araña tejedora... ¡Ve tú a saber!

DATO INSÓLITO

Algunas arañas pueden producir hasta siete tipos diferentes de seda, cada uno de los cuales sirve para algo distinto. Por ejemplo, un tipo sirve para los hilos rectos de la telaraña y otro, para los hilos transversales. Una seda especial sirve para reforzar las uniones y otra, muy pegajosa, se pone en la red que debe capturar a las presas.

Antes de comer, una araña convierte a su presa en un bolo líquido. Para ello, produce unas enzimas digestivas (creemos que) en su estómago; la mayoría las aplica sobre la herida que ha abierto al que va a ser su alimento. Estas enzimas descomponen los tejidos y los convierten en una especie de licuado que quedará listo para tomar.

Arañas

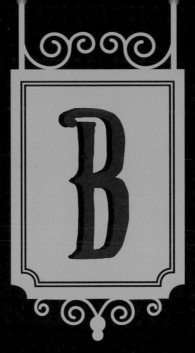

Bullying

Cuando llegué a la letra «b», me pregunté seriamente si, como parecía natural, debía escribir sobre horribles y despeinadas brujas corrientes que vuelan en escoba y hacen pócimas con bichos inocentes, y que además son capaces de quitarle al niño más guapo todo lo valiente.

Me cuestioné ampliamente si sería prudente incluir a la famosa bruja del oeste, a la bruja de *Hansel y Gretel* y a la tenebrosa bruja de *La Bella Durmiente*.

Después de pensarlo un poco me acordé, que a pesar de que las brujas son feas e impertinentes, el *bullying*, que también se escribe con «b», puede ser más incómodo que la escoba más decadente, más amargo que la pócima más fluorescente y más tenebroso que la bruja más maloliente. Así que por esta vez pasaremos de frente y dejaremos a las brujas para una ocasión más pertinente.

El *bullying*, también conocido como «hostigamiento», incluye un montón de cosas. Puede ser que alguien se burle de ti porque eres demasiado alto o demasiado chaparro (yo pertenecía a este segundo grupo, por cierto), porque eres flaco o más bien cachetón, o simplemente porque tus calificaciones no son muy buenas o porque eres el genio del salón.

Debes saber que cuando alguien te hostiga y te dice o hace cosas incómodas, como insultarte, molestarte, pegarte, esconderte la mochila o comerse tu *lunch*, puedes denunciarlo. Y eso no te hace ni un cobarde ni un soplón. Nadie tiene derecho a maltratarte bajo ninguna circunstancia, y es importante que no metas ese sentimiento a un cajón.

Con frecuencia, los niños molestones son chicos inseguros que necesitan mucha atención, y la obtienen haciéndose los valientes. Pero, si te fijas, lo logran siempre burlándose de alguien más, cosa que los hace sentirse superiores y poderosos. Generalmente los *bullies* (o niños molestones) no actúan solos; buscan cómplices que los admiren para hacer más efectiva su horrible estrategia de matón.

Hay casos en que el hostigamiento es llevado al extremo de que los niños molestados y abusados prefieren no volver a la escuela, pues no se sienten a salvo. ¿Y sabes qué? A veces tienen razón. Ha habido algunas experiencias muy feas de chicos que terminan siendo tan maltratados que incluso pueden perder la vida a manos de otros niños, los cuales se exceden y pierden el control.

Si eres de los niños molestados, no te calles y háblalo con alguien que te dé confianza. Lo peor que puedes hacer es guardarte esa horrible sensación. Si eres de los niños molestones, piensa cómo te sentirías si un abusador maltratara a alguien que quieres, a tu mamá, por ejemplo, a tu hermano menor o a tu amigo favorito del salón. Seguro que no lo permitirías, pues te provocaría una terrible desazón. Y si algo te enoja y no te deja dormir en paz, tal vez deberías hablarlo también con quien te inspire confianza. ¡Estoy segura de que pronto verás la vida de otro color!

DATO INSÓLITO

Las palabras «*bully*» y «*bullying*» vienen del inglés y las traducimos como «abusón» y «acoso» respectivamente (la persona y el acto consecuente), aunque no siempre han tenido el mismo significado. Se cree que en el siglo XVI, los anglosajones usaban estos vocablos para referirse cariñosamente a los amantes o amigos, ya fueran hombres o mujeres. Más tarde, comenzaron a usarlos para referirse a un hombre caballeroso o cortés, pero no tardaron en tener un significado negativo; un *bully* empezó a ser muy pronto un bravucón, un hombre que no era valiente, aunque presumía de serlo y, luego, alguien cobarde y agresivo. Así se publicó la primera definición oficial, que se parece más al significado actual: un cobarde tiránico que buscaba ser el terror de los más débiles. ¿Conoces a alguien así?

B

Bullying

Cementerios

¡Uy!, ¡los cementerios! De sólo pensar en ellos, siento escalofríos. No sé si porque están llenos de bichos, llenos de tierra, llenos de tumbas o llenos de gente; el chiste es que por muchas razones a todos nos provocan una extraña sensación.

Cementerios

Los panteones, necrópolis, cementerios o camposantos, como también se conocen, no son cosa nueva. Han existido en distintas versiones y en cientos de lugares alrededor del mundo desde hace muchísimos años.

Fueron creados para depositar los cuerpos de las personas que morían; de esta forma, se evitaba que se descompusieran y enfermaran a la gente que estaba cerca, pues en la intemperie o en las casas se volvían rápidamente un foco de infección.

Tal vez habrás notado que las personas tenemos una rara relación con la muerte, y generalmente buscamos que aquellos a los que quisimos mucho estén en un lugar tranquilo en el que puedan permanecer para siempre, así que nos esmeramos en hacerles bonitas lápidas y en ir a verlos con frecuencia.

Los mexicanos nos distinguimos de otros países por nuestra particular afición a visitar a nuestros amigos y familiares en los cementerios. En Día de Muertos, una de nuestras fiestas favoritas, les llevamos no sólo flores, sino también comida, tequila y hasta mariachis, pues es una buena forma de recordar cuánto los queremos y cuán importantes son para nosotros.

¡Y a que no sabías que hace muchos años, en Egipto, hicieron un cementerio no para humanos, sino para animales! Se llamaba Serapeum de Saqqara y era un sitio tan sagrado e importante como un cementerio de personas. Hoy encontramos algunos lugares en donde la gente puede ir a dejar a sus muy queridas mascotas, y así recordarlas y darles un lugar especial.

Y ahora que hablamos de cementerios, ¿sabías que hay compañías que tuvieron una idea genial? Ellas creen que la mejor manera de recordar a alguien que se fue es dándole vida nuevamente; por eso, crearon una especie de cono orgánico en el que ponen las cenizas de la persona que murió y depositan las semillas de lo que pronto será un lindo árbol. Los familiares plantan el cono dentro de la tierra. Con ciertos cuidados y mucho cariño, pronto verán que esas semillas se convierten en un gran roble, un alto liquidámbar o un pino monumental al que podrán abrazar, regar y apapachar. En vez de tener un lugar lleno de cemento y caras tristes, ¿qué opinarías de un feliz bosque cubierto de lindos árboles? No suena nada mal, ¿no?

DATO INSÓLITO

Algunas personas sienten tanto miedo a los cementerios que se les puede incluso diagnosticar una enfermedad. La coimetrofobia es el miedo irracional y enfermizo hacia los cementerios. Está relacionada no sólo con la tristeza y el recuerdo de un ser querido, sino también con el miedo a morir. Esta fobia depende en buena parte de las creencias, de la tradición familiar y de la cultura de las personas. Es más difícil padecer coimetrofobia cuando se busca un sentido positivo a la muerte; por ejemplo, quienes entierran a sus difuntos en el llamado cementerio alegre de Sapantza, una pequeña aldea de Rumania, han llenado de colores y de anécdotas graciosas las tumbas de sus familiares.

Cementerios

Chamuco

«¡Ándale, eh! ¡Sigue dando lata y te va a caer el chamuco!».

Esta es probablemente una de las frases favoritas con las que los papás mexicanos espantan a los niños. Y, claro, hay que haber nacido en México para entenderla, aunque en realidad no quiere decir otra cosa más que: «como sigas molestando y haciendo de las tuyas, se te va a aparecer el Diablo». ¡Y eso sí, la neta, qué miedo!

Chamuco

Los mexicanos somos tan fanfarrones y desparpajados que preferimos decirle «chamuco» a Lucifer, a Belcebú, a Satán, a Satanás, al demonio, a Luzbel, al Diablo —que al final son, todos, más o menos el mismo—, pues suena mucho más divertido y, por supuesto, menos tenebroso. Recurrimos a esta linda palabreja para hablar de tan conocido personaje.

¿Pero quién es el chamuco?

Este temido ser se ha representado como un ente maligno y ambicioso; según la Biblia (libro fundamental para los católicos), es un ángel que se hizo malvado. Por eso, es conocido también como Ángel Caído, y es el portador de las fuerzas del mal.

El chamuco, ese diablillo malicioso, ha sido representado de múltiples formas en distintos lugares del mundo y en distintos momentos de la historia. Te lo puedes encontrar como un carnero, como un gato negro, como un cerdo, como un cuervo, como una rata, como una serpiente, como un mono... aunque seguramente viene a tu cabeza la imagen de un cuasihumano con cuerpo rojo —por provenir del Infierno—, cuernos cortos y puntiagudos, larga cola, patas de cabra y un trinche en la mano. Una figura ideal para hacer piñatas y muñecos de papel maché. Incluso, hace cientos de años, en la época de la Colonia, había una peculiar tradición según la cual se

hacía la quema de un diablo que representaba a Judas, para manifestar el triunfo del Bien sobre el Mal; de esta manera y de muchas otras se buscaba iniciar a los indígenas en el catolicismo.

Pero no te sorprendas demasiado, pues, así como hay adoradores de Buda, del sol, de la lluvia, de Jesús, de Jehová, hay también adoradores del Diablo y de la Muerte. Somos tantos y tan diferentes que, al final del día, lo mejor es que cada quien crea lo que mejor le parezca y lo que le haga bien, ¿no te parece?

DATO INSÓLITO

Todas las culturas y religiones tienen su chamuco particular. De hecho, algunas tienen varios. Para los budistas, Mara es la personificación del mal. Usa los sentidos y el deseo para lograr dominar a las personas y oponerlas a lo que llaman «iluminación». En el hinduismo, Iama o Yama es el dios de la Muerte, el encargado de vigilar el inframundo. Y podrías conocer a El Tío de la mina, en algunos lugares de Bolivia. Los mineros de la zona construyen su figura con trozos de minerales y le llevan ofrendas para que les garantice la riqueza. Pero si quieres ver al diablo que vuela, tienes que ir a Perú, donde algunos dicen haber oído cantar al pájaro Chicua, que suele ser enviado por algún brujo que busca vengarse de alguien. ¡Cuánto diablo suelto!

Chamuco

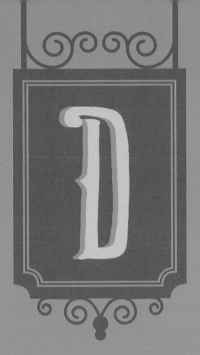

Dragones

Cuando era chica, mi mamá me contaba la historia de un dragón llamado Rúmpelfunk, que, a diferencia de casi todos los dragones, era bueno y hacía cosas muy divertidas; a partir de entonces, los dragones me cayeron siempre bien y nunca me dieron miedo, aunque no toda la gente opina lo mismo.

Dragones

Según la cultura de que se trate, los dragones se ven de una forma o de otra. Si estás en China y tienes suerte, te toparás con una larga serpiente llena de escamas que tiene unas afiladas garras de águila en sus fuertes patas, unas pequeñas orejas de toro, una peculiar melena de león y unos finos bigotes a la usanza del lugar; a diferencia de los dragones de la mitología europea, representan no sólo un año en el calendario chino, sino también el agua y la lluvia. Y son, por decir lo menos, portadores de la buena fortuna y seres queridos, no temidos.

Ahora que si nos vamos a Europa, nos encontraremos con unos monstruos malignos de peculiares alas y poderosas patas con pezuñas.

Estos dragones no tienen el mejor prestigio en el mundo de los animales de compañía, pues ante la menor provocación sueltan una ardiente llamarada de fuego por la boca y un fuerte chorro de humo por la nariz. Su potente cola y esas largas alas les permiten volar a gran altura, huyendo de sus captores o buscando la mejor posición para atacar a los intrusos, generalmente del castillo que resguardan y en el que hay escondido un impresionante tesoro o una bella damisela. Por si fuera poco, tienen un carácter de los mil demonios, así que cumplen muy bien con la función que les ha sido asignada.

Históricamente, los dragones han aparecido hasta en la sopa: en las proas de los barcos vikingos, para espantar a los malos espíritus de las costas; escondidos en los bosques celtas, donde los magos podían usar toda la fuerza de estos grandes seres en su favor; en la figura que adoptaba el poderoso dios Veles, encargado de los mundos subterráneos eslavos; en la doctrina cristiana, por ejemplo, los dragones representaban el pecado, así que si en una imagen estaban debajo de los santos, el diablo había sido vencido.

Mira... sean los famosos dragones de la buena suerte o sean los dragones come gente, yo prefiero quedarme con el dragón Rúmpelfunk de mi infancia, que no le hacía mal a nadie y francamente era un tipazo. Después de tantos años, ¿se habrá mudado de país y será parte de los cuentos de una niña sueca o un niño romano?

DATO INSÓLITO

Aunque los dragones son seres mitológicos y no podemos afirmar su existencia, hay una especie —sin lengua de fuego— que aún se puede ver en algunas islas de Indonesia. Se llama dragón de Komodo o monstruo de Komodo. Es el lagarto más grande del mundo y tiene precisamente el aspecto de un cocodrilo enorme. Ahora mismo hay sólo unos cuatro mil o cinco mil dragones de Komodo en estado salvaje. Algunas personas originarias de la isla de Komodo consideran que estos dragones son reencarnaciones de sus compañeros, por lo que los veneran y les ofrecen alimentos. No tienen fama de ser peligrosos, pero son tan grandes que yo no me acercaría.

Dragones

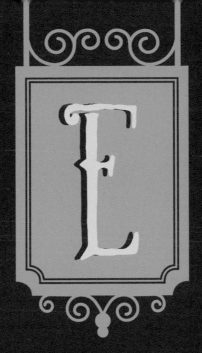

Espejos

¿Te aterra verte en el espejo cuando te despiertas de pelos parados, almohada marcada y baba en el cachete? ¡No te preocupes!: no estás solo. Seguramente los hombres se deben haber llevado muchas sorpresas y más de un susto también desde que se inventaron los espejos o aprendieron a ver su reflejo en cualquier superficie lustrosa (incluso en el agua).

Espejos

Los espejos solían hacerse con hojas de plata, cobre o bronce, muy bien pulidas, decoradas y labradas, para que la gente pudiera ponerse guapa basándose en su reflejo. Ciertas culturas, como la de los egipcios, los romanos, los etruscos y los griegos, los adoraban y los cuidaban como piezas de mucho valor. En nuestros tiempos, algunos museos todavía conservan en buen estado uno que otro de estos ancestrales objetos.

Hoy, la técnica para hacer espejos ha cambiado y es mucho más elaborada. Así que podemos encontrarlos de todos los tamaños y formas que te puedas imaginar, aunque los lisos son los más fáciles de usar, pues el reflejo no se distorsiona y nos permite vernos con claridad.

¡¿Y dónde está la parte terrorífica de los espejos?! Pues en que por años hemos creado decenas de mitos y supersticiones en torno a ellos. Se dice que si rompes un espejo, estarás condenado a siete años de mala suerte; que si te miras a través de un espejo roto, morirás próximamente, y que si eres un vampiro sin alma (como suelen ser los vampiros), simplemente no te verás reflejado en un espejo, así que las probabilidades de salir despeinado son mucho más altas.

Algunas personas creen que los espejos son un pasadizo directo a otro mundo, muy frecuentemente al de los espíritus, por lo que hay que cuidarlos y tratarlos con

reserva. Son tan poderosos que, de acuerdo con las leyendas, tienen peligrosas propiedades como las de ver el futuro (como si se tratara de un oráculo), contestar preguntas incómodas (acuérdate, si no, de Blancanieves, el espejo parlanchín y la malévola madrastra), la adivinación y ver los más profundos deseos de quien se refleja en ellos.

Prácticamente no hay película de terror en la que no veamos al malo de la sierra eléctrica, al muerto viviente de ojos saltones o al fantasmas que no descansa, aparecer en el reflejo de un espejo, pues los escritores y directores de cine se han sabido valer de este recurso para generar miedo y harto suspenso.

Y si, como suponemos, te has dado más de un susto cuando te ves por las mañanas en el espejo, pregúntale al pobre espejo los sustos que se habrá llevado él al verte a ti.

DATO INSÓLITO

Los espejos no han sido siempre como los conocemos. Los primeros en usarlos fueron los antiguos egipcios, griegos y hebreos, hace más de dos mil seiscientos años. En esa época, los espejos eran irrompibles porque estaban hechos de metales como el bronce, la plata o el oro. En la Italia del siglo XV, los espejos ya se parecían más a los actuales: eran de cristal y revestidos de plata. Sin embargo, estos materiales los hacían inmensamente caros y fácilmente rompibles. Según la tradición oral, los sirvientes encargados de limpiarlos estaban amenazados con siete años sin salario si rompían uno de ellos. ¿Imaginas no poder comer durante siete largos años por romper un espejo? Eso sí es mala suerte.

Espejos

Fantasmas

Siempre he pensado que los fantasmas son los espíritus
flotantes de perros, gatos, flores, caballos, escarabajos,
calabazas, chayotes, duraznos (¿te imaginas un duraz-
no fantasma?, ¡ji, ji, ji!) y, claro, de humanos que pasaron
por este planeta y repentinamente dejaron de estar. Y
siempre he pensado, también, que convertirse en fantasma, más que una condena, es un golazo. ¿Qué tal atravesar paredes, volar libremente, no preocuparse por pagar

impuestos y no tener que volver al dentista nunca más?
¡Adiós, tarea!, ¡adiós, uñas limpias!, ¡adiós, tablas de mul-
tiplicar!, ¡adiós para siempre!

La historia está llena de fantasmas buenos y malos, los
que espantan y los que hacen travesuras, los que rompen
cosas sólo por molestar y los realmente atormentados,
que la pasan muy mal.

Los fantasmas son mucho más felices de noche, porque
no hay gente rondando por la casa, así que pueden sen-
tarse cómodamente a jugar dominó en la sala, a hurgar
en la despensa o a tener largas pláticas de fantasmas sin
que nadie los interrumpa y los haga salir despavoridos
tras un grito de auxilio.

Hay fantasmas gordos y fantasmas flacos, fantasmas
elegantes y muy sofisticados; hay fantasmas fanfarrones
y superdescarados. Hay fantasmas cultos y muy ilustra-
dos, que gozan leer y explorar el espacio; hay fantasmas
deportistas y muy aplicados, que todas las noches van al
gimnasio; hay fantasmas vagos y muy desobligados, a los
que nunca verás recoger sus zapatos.

Algunas personas aseguran haberlos visto en viejas fo-
tos de familia, en una propiedad abandonada, caminando en la escena de alguna famosa película o apareciendo
en el espejo de una vieja cantina; rondando en un ce-

menterio olvidado, paseando en una calle empedrada o molestando a una niña aterrada.

Si en la vida te topas con un fantasma que flota como la nata en la leche, tienes dos opciones: o huyes y pones una denuncia en el Ministerio antifantasmas y antidragones, o corres a contárselo a tus amigos de la escuela; recuerda que no todos tienen la fortuna de verse, frente a frente, con un ser de otra dimensión.

Si tú pudieras elegir, ¿querrías encontrarte con un fantasma o preferirías seguir viviendo tan tranquilo como hasta ahora? A mí, sin duda me encantaría hacerme amiga de uno gordo y bonachón, con el que pueda platicar en las noches de insomnio y luna llena.

DATO INSÓLITO

La creencia en los fantasmas no es algo nuevo, para nada. Más bien, todo lo contrario. Desde los primeros textos escritos de los que se tiene constancia, los fantasmas han tenido un papel relevante. Aparecen en obras de distintas culturas y épocas, como la *Odisea* o la *Eneida*. En ambas, estas almas habitan el inframundo, que es lo que también se conoce como *el más allá*. Verlas implicaba realizar viajes a ultratumba, pero, ya que los antiguos romanos preferían que no aparecieran, tenían la costumbre de poner un puñado de tierra sobre los cadáveres. Para no ir tan lejos, en nuestro país también se habla de presencias fantasmales. ¿Has oído hablar, por ejemplo, de la Llorona?

Fantasmas

Gnomos

Los gnomos sobre los que siempre leí no solían ser ni aterradores ni malvados, sino unos simpáticos seres minúsculos, con cuerpecitos de humano, manitas de humano y caritas de humano. Los hombres vestían pantaloncito, camisita y tirantitos. Y las mujeres usaban unos lustrosos zapatitos y unos muy decorados vestiditos. Además, todos tenían unos gorritos rojos o verdes muy pequeñitos. Vivían debajo de la tierra, en unas primo-

Gnomos

rosas casitas con mesitas, sillitas y camitas. Y bebían y comían de tacitas, vasitos y platitos unos deliciosos pastelitos y unos apetitosos cafecitos.

Y aunque se cree que hay gnomos malos que se dedican a hacer travesuras y a complicarles la vida a las personas, a esconderles las llaves y a mover las cosas de lugar, hoy hablaremos de las cualidades de los gnomos buenos, que son de mis personas chiquitas favoritas.

Según mi enciclopedia de gnomos, estos seres diminutos pesan entre 250 y 300 gramos, y miden, sin sombrero, unos 15 centímetros. Suelen habitar en los bosques de Estados Unidos, Canadá, Suecia, Irlanda, Noruega, Suiza, Finlandia y en algunas zonas de Rusia. Y basta que lleguen a los 275 años para estar en la flor de la edad. Como ves, ¡viven muchísimo tiempo!

Los gnomos son unos seres peculiares, pero muy cariñosos, y frotan sus narices con las de otros gnomos para saludarse, despedirse y desearse buenas noches. Y, además de amorosos, son sumamente trabajadores: construyen sus propias casas bajo tierra o dentro de los árboles, hacen sus propias velas y tejen su ropa y cobijas, que fabrican con pelo de ciervo o conejo y después tiñen con colores naturales extraídos de plantas, semillas y minerales. Son grandes carpinteros y muy hábiles en el

manejo del vidrio, la cerámica y metales como el oro, la plata, el cobre y el hierro.

Tienen una extraordinaria relación con los animales del bosque, aunque sus grandes enemigos son las víboras, los gatos, los hurones y los armiños, unos pequeños mamíferos peludos que están siempre a la caza de los pobres gnomos.

¿Y qué desayunan estos seres tan particulares? En la mesa de una familia de gnomos no puede faltar el té de menta o el de jazmín, huevos de algún ave pequeña, pan, mantequilla hecha con aceite de girasol, muchos hongos de los que se encuentran en el bosque, huevos de hormiga, mermeladas y un pastel especiado y endulzado con miel. ¡Ah!, y, por si fuera poco, les encanta la leche, así que han aprendido a ordeñar a las vacas subiéndose a unos banquitos especiales diseñados por ellos mismos.

La próxima vez que te digan que los gnomos son unos seres malvados y traviesos, piensa qué divertido sería tener de amigo a uno de estos increíbles personajes. ¿Te imaginas la gran experiencia de conocer sus pequeñas casas bajo tierra y probar sus deliciosas y diminutas comidas?

DATO INSÓLITO

¿Te has preguntado alguna vez por qué hay figuras de gnomos en algunos jardines? Se supone que los gnomos son unos perfectos cuidadores. Algunos cuidan de los bosques, otros —como los siete enanos de Blancanieves— se encargan de custodiar los tesoros subterráneos, y parece que hay un tercer grupo que vigila los jardines. Quienes los colocan junto a sus flores, tienen la esperanza de que las ayuden a crecer y a estar hermosas. Si eras de las personas que pensaban que los llamados enanos, duendes o gnomos de jardín sólo tenían una función decorativa, cuando vuelvas a ver a uno de ellos, podrás contar a tus amigos o a tus papás que están ahí trabajando.

Gnomos

Hacerse *pis* en la cama

Y ya que hacerse *pipí* en la cama es una de las sensaciones más aterradoras de todas, no podía quedarse fuera de esta tenebrosa enciclopedia.

Hacer *pis* en la cama

Si yo te contara que mojé la cama hasta bastante grandecita, probablemente no lo creerías. Nunca supe la verdad de por qué era incapaz de levantarme a media noche para ir al baño ni de por qué, como consecuencia, solía despertarme en la mitad de un charco helado que invadía toda la cama y me dejaba *pishada* hasta la espalda.

Muchos pensarán que tomaba demasiada agua antes de irme a la cama, y un poco de razón tendrán, pero la verdad es que me daba miedo ir al baño con la casa a oscuras mientras todos dormían, pues era el momento justo en el que las paredes, los muebles y los cuadros hacían todos los ruidos que no hacían durante el día. La sola idea me daba pánico, así que decidía volverme a dormir con la vejiga a punto de explotar. ¡Y claro!, el resultado era un cambio de sábanas por noche y una buena regañada por las mañanas.

Debo decirte que pasé largos años de angustia, pues ir a dormir a casa de una amiga era un verdadero reto contra mis propios instintos. Prefería pasar la noche en vela, sin pegar los ojos ni un minuto, antes que empapar una cama ajena. ¿Y sabes qué me daba más miedo que cualquier otra cosa? Salir de campamento con los chicos de la escuela y hacerme *pis* dentro de la casa de campaña sin darme cuenta.

Hay muchas posibilidades de mojar la cama por las noches, pues cuando estamos en un sueño profundo, relajamos todos los músculos del cuerpo (incluida la vejiga) y a nuestro cerebro le es más difícil distinguir si la idea de hacer *pis* es sólo eso (una idea), parte de una pesadilla o la urgente necesidad de correr al baño en la vida real.

¿Alguna vez has soñado que estás en una alberquita con agua caliente y de repente te dan ganas de hacer *pipí* ahí mismo? Todos están distraídos, e ir al escusado en ese estado de placidez es impensable, así que te relajas, pones cara de que no está pasando nada, aflojas la vejiga y... ¡corre al baño! ¡Era sólo un sueño! Bueno, pues ese es un clarísimo ejemplo de cuando el cerebro nos juega una mala pasada.

Si como yo has sufrido con este horrible mal, debo decirte que no estás solo: todos hemos tenido accidentes en la cama, incluso estando un poco mayorcitos, así que no te preocupes. Te prometo que un día, como por arte de magia, dejan de pasar.

DATO INSÓLITO

Los médicos siempre usan palabras imposibles. Ellos llaman «enuresis nocturna» al hecho de hacerse *pis* en la cama mientras dormimos, y dicen que es algo muy común. Millones de niños se *pipisan* en sus camas. ¿Imaginas cuánto líquido? Hay muchos motivos por los que esto ocurre; además, no se puede concretar una edad exacta para controlar la vejiga, pues es algo que todos vamos aprendiendo con el tiempo. También hay adultos que se orinan por la noche, y no quiere decir que no sepan controlar su *pipí*, sino que probablemente estén muy estresados o tengan muchas cosas qué hacer. ¡Ya puedes advertir a tus papás!

Hacer *pis* en la cama

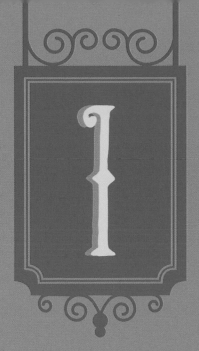

Invisibilidad

Para dar cátedra en temas de invisibilidad no hay nadie mejor que los fantasmas, pues llevan miles de años perfeccionando la técnica, trabajando veinticuatro horas al día en velocidad de reaparición, transparencia y densidad, cruce de superficies sólidas y movimiento de objetos a distancia. Y aunque los superhéroes han tratado de imitarlos, nunca lo han conseguido, pues sus habilidades distan mucho de los estándares mínimos de calidad.

Invisibilidad

Ser invisible está lleno de ventajas: puedes hacer travesuras sin ser reprimido, espiar sin ser descubierto, entrar al teatro sin pagar o quedarte toda la noche en un supermercado abriendo bolsas de papas y brincando en las camas de exhibición.

Pero aunque ciertamente ser invisible suena increíble, no creas que todo es felicidad, pues este superpoder viene con superproblemas y unas cuantas superresponsabilidades. Quienes son invisibles pasan inadvertidos, pero ¿te imaginas el lío de pedir una *pizza* a domicilio?, ¿quién le abre la puerta al repartidor?, y más aún, ¿quién le paga sin matarlo de un infarto cuando vea el dinero flotando en el aire?

Y ahora hablemos de las superresponsabilidades: si eres un fantasma prudente, sólo espantas a la gente cuando tienes ganas o cuando es media noche de un Día de Muertos (o Halloween, si eres un fantasma gringo), así que el resto del año tienes que andar con cuidado para no tirar cosas a tu paso, para no mover las cortinas y para no toser demasiado fuerte cuanto se te vaya chueca el agua, pues harías que los inquilinos que habitan la misma casa salgan despavoridos. Y aunque no lo creas, a los seres invisibles les gusta la compañía tanto como a nosotros.

Durante años, los escritores han fantaseado con la posibilidad de hacer invisibles a sus personajes, ya sea mediante una capa, una pastilla, una pócima o un embrujo, y el resultado ha sido que todo casi siempre termina en catástrofe y el personaje en cuestión, sorprendido, cuando el efecto de invisibilidad pasa, dejándolo en evidencia y metido en un problemón.

Aunque en el mundo real todavía estamos lejisísísimos de conseguir ser invisibles, hoy hay submarinos y aviones que no son detectados en los radares más especializados y vuelan y se sumergen casi como si fueran fantasmas.

Esta tecnología requiere de aditamentos muy complejos y no siempre es utilizada para buenos fines, pues, con frecuencia, estos son instrumentos de ataque que usan los países que están en guerra para no ser vistos y así poder hacer daño a sus enemigos.

Y ya, en serio, en serio, si pudieras ser invisible ¿lo usarías para hacer el bien o para hacer travesuras? Yo creo que feliz me encerraría en el súper a comer galletas sin parar y sin ser vista.

DATO INSÓLITO

La invisibilidad como tal no existe. Eso nos ha quedado claro. Sin embargo, en la naturaleza podemos encontrar algunos organismos que se asimilan al medio que los rodea para pasar desapercibidos ante otras especies y así protegerse. Es lo que se denomina *cripsis*, que vendría a ser algo parecido al camuflaje. Es el caso de animales como la liebre ártica, el camaleón y la sepia. La liebre ártica es color marrón en verano y blanca en invierno, para confundirse con la nieve. Por su parte, tanto el camaleón como la sepia cambian su color mientras se van desplazando en su hábitat. ¿Qué colores elegirías si tuvieras que camuflarte?

Invisibilidad

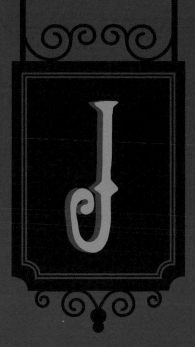

Jinete sin cabeza

¿Cuántos seres conoces que puedan ir por la vida paseando muy campantes sin cabeza? A mí sólo se me ocurren las cucarachas, que además de asquerosas y abundantes, son muy resistentes y pueden andar por la vida durante largos

Jinete sin cabeza

días y largas noches sin cabeza, hasta que terminan muriéndose de hambre. Ronda la historia de un desdichado pollo al que le cortaron la cabeza pero le dejaron suficiente cerebro como para que pudiera caminar decapitado por ahí. Debe haber sido una imagen pavorosa. Ahora que si un pollo da miedo, ¡imagínate un hombre sin cabeza!

En muchas partes del mundo se cuentan leyendas de espectros decapitados que por lo general montan a caballo y que pueden, o no, llevar bajo el brazo su propia cabeza, la cual hasta sonríe de forma malévola. Otras veces, la cabeza brilla con una luz espectral. Y en otras historias no hay cabeza, sino una calabaza que parece escupir fuego. Cualquiera de las dos últimas posibilidades parecen muy útiles para una noche verdaderamente oscura y fría, ¿no?

Hasta los famosos hermanos Grimm, que son los autores de montones de cuentos de hadas, aprovecharon a este horroroso personaje para darles miedo a los niños de la época, porque, como bien se sabe, en los cuentos de hadas a veces no aparecen hadas, sino monstruos que comen niños. ¡En fin! Una de las leyendas más famosas de descabezados es la de *Sleepy Hollow,* que escribió un autor estadounidense llamado Washington Irving. Sleepy Hollow, que significa algo así como «hondonada somnolienta», era un pueblito de Estados Unidos aterrorizado por el espectro de un soldado al que una bala de cañón le

había volado la cabeza. En las noches de Halloween salía a buscarla montado en su aterrador corcel negro. Y el que se cruzara con él se llevaba un susto... de muerte, por supuesto. La historia se volvió tan famosa que se hicieron muchas películas y un disfraz muy popular para Día de Muertos: un divertido traje cuyo cuello va por arriba de la cabeza. El que lo usa logra ver (casi nada) por unos agujeritos de la camisa, de modo que parece un auténtico decapitado. Como no fuera un disfraz... ¿sabrías distinguirlo? ¡Qué miedo!

DATO INSÓLITO

Un cuerpo decapitado que cabalga sobre un caballo no tiene explicación científica. Pero lo que sí se ha investigado es el tiempo que un cerebro permanece consciente tras una decapitación. En la antigua Roma, cortar la cabeza era la pena de muerte que se aplicaba a los miembros de la alta sociedad, por ser un sistema rápido, que suponía menos sufrimiento que la crucifixión o la exposición a las bestias. Muchos científicos han afirmado que con la decapitación, la muerte cerebral es instantánea porque ya no llega oxígeno al cerebro; sin embargo, algunos recientes estudios con ratas han determinado que su actividad cerebral continúa durante unos diecisiete segundos y que permanecen conscientes los cuatro primeros. ¿Será así con nosotros?

Jinete sin cabeza

Kraken

Hay quienes dicen que sabemos más de la Luna y de Marte que de los seres vivos que habitan el fondo del mar, pues se cree que no conocemos ni 10% de lo que hay en los océanos (incluso hay zonas tan, tan profundas que la luz del sol ni siquiera las alcanza a iluminar). Una de las principales razones por las que la investigación marina es tan compleja tiene que ver con que, conforme nos sumergimos en el agua, la presión aumenta; pasar de unos

Kraken

setecientos metros bajo el mar dentro de una cápsula especial es absolutamente imposible para los humanos. Pero no todo está perdido: aunque nosotros no podemos ir al final del mar —¿o será el principio?—, los robots sí. Y para nuestra sorpresa han llegado hasta los once mil metros, lo que se supone es la parte más profunda.

Cuenta la leyenda que en el fondo de los océanos vive un monstruo marino de ocho largas y babosas patas que hunde barcos inmensos y secuestra marineros sin piedad. No se sabía muy bien si era el guardián de las aguas o un ser de otro mundo, pero el kraken fue durante años, de las criaturas nadadoras más temidas por marinos, niños y mamás.

Aunque las historias sobre esta criatura suenan aterradoras y muy entretenidas, me temo que, más que malas bestias acuáticas, estos bichos que han dado tanto de qué hablar no son más que calamares gigantes o pulpos monumentales que habitan las profundidades del mar y rondan alegremente sin molestar. Y aunque ciertamente debe de dar mucho susto toparse de frente con uno de estos mientras estás en altamar, no parecen haberse robado ningún barco ni haberse ensañado con ningún marinero en especial.

Según algunos avistamientos, un kraken mide entre quince y veinte metros, con tentáculos incluidos, así que imagínate las mareas que debe provocar cuando se sumerge rápidamente en el agua, por lo que las embarcaciones pequeñas sin duda la han de pasar muy mal. Cuando los animales muy grandes bajan hacia el fondo del mar, generan unos remolinos inmensos que cambian la dirección de los barcos y los vuelven difíciles de controlar.

Pero, mira, a mí me da igual si el kraken es un monstruo maldito o un ingenuo calamar, yo propongo que, en vez de morirnos de miedo por sus largos tentáculos y sus olas al andar, lo cortemos en cachitos, lo capeemos parejito, le pongamos limoncito e invitemos a todos a cenar.

¿Qué dices?, ¿vienes?

DATO INSÓLITO

Pierre Dénys de Montfort fue un malacólogo francés de finales del siglo XVIII y principios del XIX. Ah, ¿no sabes lo que es un malacólogo? Pierre se dedicaba específicamente a investigar los moluscos. Y fue entre estudio y estudio cuando creyó conocer a profundidad a los krákenes y sus hazañas en el mar. Proclamó categóricamente la existencia de estos calamares gigantes y la de otro más grande aún: el colosal. Además, se atrevió a afirmar que unos diez barcos británicos habrían sido atacados y hundidos por algunos de estos seres marinos; sin embargo, poco más tarde se supo que la causa de los hundimientos había sido un huracán. La carrera de Montfort terminó en ese momento, pero, después de su muerte, su investigación sirvió para describir al verdadero calamar gigante.

Kraken

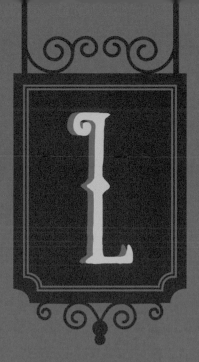

Lobo, hombres lobo

¿Te imaginas ser una de esas personas que se despiertan todos los días a la misma hora, que se bañan y dibujan con el empañadito del vidrio en la regadera, que desayunan huevos revueltos y pan tostado, que se van

Lobo, hombres lobo

a trabajar, que se comen un helado a media tarde, que juegan fut con sus amigos, que leen, ven la tele, van al mercado y se convierten en hombres lobo en las noches de luna llena?

¡¿Quéééé?! ¡¿Hombres lobo?! Mhm..., así como lo lees.

Pues esa es la realidad de mucha gente en el mundo que en apariencia tiene una vida normal pero se transforma en un bicho peludo, con garras y colmillos, que aúlla sin cesar en cuanto la luna llena se monta en el cielo a todo lo que da.

Los hombres lobo, o licántropos (que no es más que la forma elegante de nombrar a los hombres que se convierten en lobos), no necesariamente nacieron con esa condición, sino que la adquirieron siendo adultos, y en algunos casos por elección. Se han reportado varios métodos para convertirse en un hombre lobo. Aquí te van algunos, por si todavía no eliges profesión: frotarse el cuerpo con un ungüento mágico (suena fácil, pero, a ver, consigue el ungüento mágico), quitarse toda la ropa y ponerse un cinturón hecho de piel de lobo (no te vas a ver muy guapo y vas a pasar frío, te lo aseguro, además de que, a ver, consigue el cinturón de piel de lobo) o beber el agua de lluvia que cayó junto a la huella del animal en cuestión (¡puaj!, suena asqueroso... Y, a ver, consigue que llueva junto a la huella del lobo). En Alemania, Italia

y Francia basta con dormir fuera de la casa una noche de verano con luna llena, necesariamente un miércoles o viernes, recibiendo el brillo de la luna directamente sobre la cara.

Ahora bien, pongamos que por fin conseguiste convertirte en hombre lobo, pero a la mera hora te arrepentiste y quieres volver a tu condición de humano que no aúlla. Bueno, hay varios métodos para hacer reversible el efecto. Toma nota, porque, según el país del que se trate, los remedios serán más o menos sencillos: con medicina (por lo general, mediante el uso de *wolfsbane* —en inglés—, o acónito —en español—: una poderosa especie de planta venenosa), llamándote tres veces por tu nombre de pila, pegándote un buen regaño, exorcizándote, con una cirugía o con el golpe de un cuchillo en el cuero cabelludo o en la frente (eso suena doloroso, pero eres hombre lobo, así que aguántate). En definitiva hay algunos otros mecanismos más drásticos, como el de atravesar las manos con clavos, o algunos un poco más «definitivos», como el de disparar una bala de plata contra el aludido.

¿Sigues pensando que ser hombre lobo es una opción? Mejor échale ganas a las matemáticas, que aullar de noche demanda mucho tiempo y rasurarse todos los días de cuerpo entero, te va a provocar una horrible irritación.

DATO INSÓLITO

Se cree que los hombres lobo son ciencia ficción, pues se mencionan en leyendas desde tiempos de los romanos. Sin embargo, hace aproximadamente siglo y medio hubo un caso que hizo temblar a pueblos enteros. Manuel Blanco Romasanta, de una pequeña aldea de las montañas de Ourense, en Galicia (España), se libró de la pena de muerte, al ser la primera persona diagnosticada con «licantropía clínica». Se dice que sus padres cargaban con una maldición, por lo que algunas noches se convertía en lobo con sed de sangre humana. «¡Ojalá fueras al monte, a comer carne como los lobos!», le decía su madre cuando él no podía saciar sus ansias de comer. Romasanta asesinó a trece mujeres y niños, y se dice que hasta vendía su grasa en forma de ungüento. Un caso tenebroso entre los límites de lo real y lo ficticio.

Lobo, hombres lobo

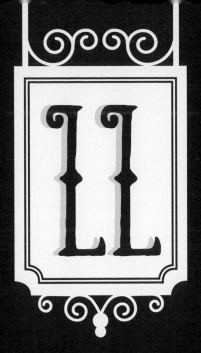

Llorona

Los mexicanos amamos —y tememos— a la Llorona, una pobre y desolada mujer que aparentemente perdió a sus hijos y todas las noches sale en su búsqueda, invocándolos con un pavoroso: «¡Aaay, mis hijooos!». Aunque seguramente crees que se trata de una leyenda relativamente nueva, tiene muchísimos años de andar rondando no sólo por México, sino por un montón de lugares de América Latina.

Llorona

Bueno, pues resulta que hace un montón de tiempo (y, cuando digo «montón», me refiero a la época prehispánica) se hablaba, en distintas culturas de México, de personajes o deidades —generalmente femeninas— con no muy buena reputación. A estas se les relacionaba con el mal, el inframundo, el hambre y la oscuridad. Y eran portadoras de malos presagios. Como es obvio, cada cultura creó sus propios mitos y dioses, por lo que nos encontramos también con una diosa: la de las mujeres que mueren en el parto o la que llora a sus hijos muertos en las batallas. Entonces, la historia empieza a cobrar otro sentido.

Con la llegada de los españoles, entra un nuevo personaje en acción: la Malinche. Esta mujer se hizo de un terrible prestigio al traicionar a su pueblo indígena, pues se convirtió en la novia de Hernán Cortés, el conquistador, lo cual muchos consideran uno de los primeros rasgos del mestizaje (o sea, de que una mujer indígena engendrara hijos con un hombre español). Sin embargo, la leyenda dice que la Malinche termina asesinando a los hijos que tuvo con Cortés, como venganza hacia él, por las críticas en su contra. Y se lamentó tanto de hacerlo que se condenó a llorar desoladamente por ellos, viva y muerta. Por eso, su fantasma se aparece por las calles de México sin encontrar consuelo.

Como pasa siempre, hay varias versiones del origen de una misma historia, pues la tradición oral puede ser traicionera y quien la cuenta seguramente omite datos o agrega otros según su conveniencia y de acuerdo con su imaginación (la tradición oral, por cierto, es la costumbre de transmitir un cuento, mito o leyenda de persona a persona, y las abuelas y los abuelos son especialistas en la materia).

Si una noche andas caminando por ahí y prestas mucha atención, es probable que escuches al fantasma de esta triste mujer que busca a sus hijos muertos. Yo prefiero ahorrarme la experiencia, gracias, pues ¡¡qué miedo!! Mejor luego me platicas cómo te fue en tu encuentro con ella.

DATO INSÓLITO

Y si creías que sólo en México teníamos a la Llorona, agárrate, porque parece ser una leyenda muy popular en toda América Latina y hasta en España, aunque, claro, en cada país la historia es distinta. Hay Llorona en Panamá, Uruguay, Venezuela, Argentina, Chile, Costa Rica, Colombia, El Salvador, Perú, Ecuador, Guatemala y Honduras. Además, como has visto en este libro, la Llorona aparece en decenas de relatos y películas de terror. Y para no perder la costumbre, es un facilísimo disfraz para las fiestas de brujas que no falla en el arte de espantar: un vestido blanco, viejo y medio mugroso. Lo que sí no puede faltar es el grito: «¡Aaaay, mis hijoooos!», así que ponte a practicar.

Llorona

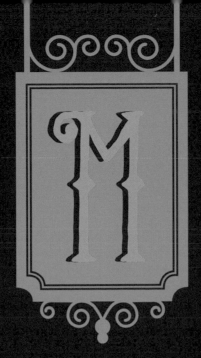

Momias

Las momias son una cosa rarísima y difícil de entender,
así que tal vez este ejemplo te dé más claridad respecto
a cómo surgen y por qué después de tantísimos años las
personas o animales que murieron siguen conservando
el pelo, los dientes y hasta las uñas.

Momias

Imagina que olvidas una bolsa de papel con una dona de azúcar en el fondo del horno —el escondite favorito de las mamás para guardar comida—, y se queda ahí durante semanas. Un día, como que no quiere la cosa, estás hurgando a ver qué tesoros perdidos te encuentras y das con la dona. Aunque esta deliciosa muñeca conservó su forma y su color, y apenas perdió un poco de azúcar, está dura como una piedra, por lo que, a pesar de ser más valiente que Tarzán y el Cid Campeador juntos, no tienes la osadía de probarla, pues la hazaña seguro te haría perder uno o dos dientes.

Aunque las momias no están cubiertas de azúcar, ni guardadas en el fondo del horno ni, por suerte, tampoco se comen, sí tienen ciertas similitudes con la dona que aquella vez dejaste olvidada. Tanto nuestra dona de azúcar como las momias de esta historia estuvieron en un lugar seco, oscuro y lejos de la humedad. Una, guardada en su bolsa; las otras, envueltas entre telas y vendas. Pese a que el horno no estuvo prendido, mantuvo una temperatura distinta a la del resto de la cocina, lo cual permitió que la dona no se llenara de hongos o de bichos y siguiera pareciendo eso, una dona. Mientras tanto, la momia estuvo en un clima seco y con las condiciones apropiadas para no descomponerse o pudrirse.

Resulta que las características de la tierra y el clima de ciertos lugares hacen que a veces la gente que fue sepul-

tada o puesta en nichos se momifique. A menor canti-
dad de humedad, más posibilidades de que este fenómeno suceda.

Quizás las momias más famosas del mundo son las de
Egipto, un lugar de África. Los egipcios desarrollaron
una técnica increíble para conservar los cuerpos de la
gente y de ciertos animales sagrados, como los gatos.
Consistía primero en sacarles todas la tripas que fácilmente se echaban a perder e impedían que el proceso se
llevara a cabo con éxito; después, secaban los cuerpos al
sol para luego cubrirlos con varias capas de aceites y finalmente envolverlos con vendas y telas e introducirlos
en sarcófagos muy bonitos, pintados a mano.

Y aunque las de Egipto son las momias más conocidas
del mundo, no olvidemos las de Guanajuato, en México,
donde una extraña combinación del clima y la tierra hizo
que quienes fueron enterrados ahí se convirtieran en
momias en muy poquitos años y sin querer. Las personas
del lugar sólo se dieron cuenta de esto cuando abrieron
algunas de las tumbas y nichos para cambiar el cementerio de ubicación. ¡Oh, sorpresa!, ¡momias exprés!

Esta es la breve pero larga historia de las momias. Y que
descanse en paz la pobre dona de azúcar que murió para
ser parte de este relato.

DATO INSÓLITO

Es verdad que ya hemos hablado de los cementerios, pero créeme que este te va a sorprender. Está en la ciudad de Nazca, en Perú, y es de la época preínca. Se calcula que los cuerpos que están allí pertenecen a personas que murieron hace más de 2 200 años, y muchos de ellos conservan intactos pelo, dientes y ropas. ¿El secreto? El cementerio de Chauchilla (así se llama) se encuentra al aire libre en el desierto de Nazca; la aridez y el clima excesivamente seco se encargaron de las labores de conservación. Parece que los antiguos habitantes de la zona eran más inteligentes de lo que pensábamos.

Momias

Noche

¿Eres de los que prefieren el día o la noche, la luz o la oscuridad? ¿Te gusta dormirte tarde y disfrutar de la sole-
dad nocturna o más bien optas por despertarte temprano
y aprovechar las mañana soleadas? Cualquiera que sea
tu caso, pon mucha atención, porque estoy segura de
que con algo de lo que te contaré a continuación te vas
a identificar.

Noche

Cuando era más chica, odiaba las noches y me encantaban los días luminosos para andar de pata de perro, así que dormir me parecía una verdadera pérdida de tiempo. Y la verdad no es que sólo me pareciera una pérdida de tiempo... ¡¡La noche me daba pánico!!

Una vez que me metía a la cama, la cabeza se me llenaba de historias extrañas, de monstruos horribles y de sombras aterradoras; la sola idea de levantarme para ir al baño era un verdadero sufrimiento. Siempre tenía una lamparita sobre el buró para no llevarme sustos desagradables. Imagínate que a veces hasta le gritaba a mi mamá desde mi cuarto para que me acompañara a hacer pipí.

Es cierto que la noche nos inquieta a todos, pero debes saber que tiene un montón de facetas sorprendentes. Aunque la oscuridad ha sido históricamente la guarida de ladrones, el escondite de bichos rastreros y el escenario perfecto para las películas de terror, es también el ámbito en el que los animales nocturnos salen de cacería, los desiertos bajan su temperatura y la luna sale a relucir su máximo esplendor. Por las noches podemos ver las estrellas, casi escuchar el silencio y atacar el refrigerador sin ser vistos; imaginarnos fantasmas bonachones y parranderos, y poner atención a la casa que descansa, se estira y hace crujir su esqueleto.

Han pasado los años y con el tiempo las cosas cambiaron: entendí que la noche es el mejor momento para meterse a la cama y dormir plácidamente, para soñar cosas divertidas y descansar de un largo día en el que corriste, jugaste y gritaste sin parar.

Las noches me siguen dando miedo, aunque ahora también me divierten, pues dejé de hacerme historias extrañas en la cabeza. Eso sí, la lamparita junto a la cama me sigue acompañando, siempre a la vista, por si una noche tengo que correr al baño y no puedo gritarle a mi mamá para que me lleve de la mano.

DATO INSÓLITO

La noche no dura lo mismo en todos lados, pues hay países que sólo cuentan con tres o cuatro horas de oscuridad, así que la gente tiene que acostumbrarse a dormir con luz de día. ¿Te imaginas qué raro debe ser tener un sol radiante a media noche?

Nuestros hábitos van cambiando conforme vamos creciendo, pues cuando somos pequeños necesitamos dormir mucho más que cuando nos convertimos en adultos; nuestro cuerpo todavía está en desarrollo y las horas de sueño son fundamentales para que lo hagamos correctamente. Los huesos siguen creciendo, el cerebro sigue formándose y cualquier estirón tiene más posibilidad de producirse, pues cuando dormimos, la hormona del crecimiento está rindiendo plenamente.

Noche

Ñaca ñaca

Todos hemos sentido un poco de *ñaca ñaca* alguna vez.
¿Que no sabes qué es eso? Bueno, piensa rápidamente
en tres cosas que te dan un poquito de miedo pero que
no te paralizan por completo. ¿Qué tal tener que encontrar las velas en tu casa cuando se va la luz? ¿O qué me
dices de despertarse a media noche por oír un ruidito
raro, pero no saber si lo soñaste o lo escuchaste de verdad? ¿O, por qué no, tener que saltar del trampolín de

tres metros cuando todo mundo te está viendo desde abajo? (Del de diez, mejor ni hablamos porque eso no da *ñaca ñaca*, sino horror).

Tal y como pasa con las *ñáñaras*, ese cosquilleo extraño que aparece en el culín cuando ves una araña peluda o un tremendo cucarachón crujiente saliendo de una coladera, sentir *ñaca ñaca* no ha sido probado científicamente y, por lo tanto, no tienen una definición oficial en los diccionarios, así que me permitiré explicártelo lo mejor que pueda para que nos vayamos entendiendo un poquito más.

Dícese de aquella sensación que se presenta cuando algo no te aterra ni te hace llorar del susto, no te hace correr, no te hace gritar, pero hace que te dé un miedito particular: sencillito, que te pone la piel de gallina y te mueve el corazón de su lugar. Surge de improviso, como la comezón, y es incontrolable, como el hipo sin razón. Bienvenido, niñonauta, estás ante una auténtica y única situación de confusión. Se presenta en mexicanos y extranjeros por igual, aunque las causas pueden variar según la nacionalidad.

Los alemanes, estoy segura, sienten *ñaca ñaca* cuando sirven una cerveza de golpe y la espuma está a punto de desbordarse; los holandeses, por su parte, sienten *ñaca ñaca* cuando dejan la bicicleta estacionada en la calle, entran

a su casa y dudan por un segundo si le pusieron candado o no; los mexicanos, tan pintorescos como somos, sentimos *ñaca ñaca* tantas veces en nuestra vida que casi nos acostumbramos a la sensación: cuando nos acercamos al de los tacos de canasta y nos dice que se le acabaron los de chicharrón, cuando viajamos en metro y sentimos que se desborda el caldeado vagón, cuando vamos a Teotihuacán y nos asomamos desde la punta de la Pirámide del Sol y cuando nos acordamos de que vivimos en un país lleno de esta horrible y latente corrupción. ¿Y cuando la maestra está a punto de entregar las calificaciones del examen sorpresa de Historia? ¡No!, eso no es *ñaca ñaca*, corazón; es pánico, puritito y auténtico terror.

DATO INSÓLITO

Aunque los mayores te hayan dicho alguna vez lo contrario, sentir miedo es normal. Todos lo sentimos, incluso tus papás. Pero no a todos nos dan *ñaca ñaca* las mismas cosas ni con la misma intensidad. Depende de la edad y de lo que hayas leído, escuchado y aprendido durante tu vida. Por ejemplo, los bebés menores de un año tienen miedo a los extraños. Pregúntale a algún familiar si a ti no te pasaba. Seguro sí. Cuando crecemos, superamos casi todos los miedos de la infancia, pero aparecen otros. Algunas veces los llamamos *ñaca ñaca*; otras, angustias o preocupaciones, pero son lo mismo. Y ese miedo es positivo si nos ayuda a afrontar situaciones complicadas.

Ñaca ñaca

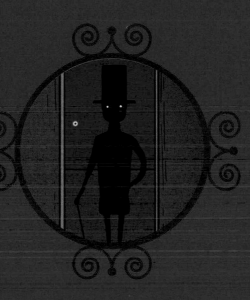

Ogros

Hay de malvados a malvados. Están los que han iniciado guerras muy violentas, los que han robado dinero en grandes cantidades y los que han estafado a países enteros (¡cof, cof!).

Ser malvado es muy fácil: sólo basta con poner una tachuela en la silla de tu compañero de banca, con hacer la cerbatana más potente del salón (creo que te tocará pre-

guntarle a un adulto qué es una cerbatana) o con tener la mejor puntería, resortera en mano.

Los ogros, aunque son verdaderamente malos, no entran en ninguna de las anteriores categorías, pues su crueldad radica en otro lado.

Estas criaturas, como los dragones, tienen un genio infernal. Aunque se parecen bastante a los humanos, se caracterizan por su voz ronca y por sus grandes cuerpos de unos tres metros, rematados con una cabeza prominente y llena de pelo. Se les suele representar sucios, mal vestidos, bastante apestosos, con largas barbas y con un abdomen, digamos, abultado. Y por si fuera poco, no parecen ser especialmente inteligentes.

Se dice también que los ogros suelen robarse a las princesas para llevarlas a lugares de difícil acceso, como cuevas o castillos, y así volver sus rescates un reto casi imposible de realizar.

Pero nada de esto, aunque suena mal (y muy maloliente), sigue sin ser el mayor de sus defectos.

Los ogros tienen una dieta muy peculiar: son carnívoros definitivamente, pero no comen carne de cualquier tipo; su dieta está basada en niños... Sí, suena horrible,

pero esta es una tenebrosa enciclopedia y, ¡ni modo!, toca hablar de cosas tenebrosas como los ogros.

Ahora bien, puedes quedarte tranquilo, pues, al igual que muchos otros de los personajes de este libro, son sólo parte del ingenio de quienes los crearon para espantar a la gente, y en algunos casos particulares, para atemorizar a los niños con el objetivo de que se vayan a dormir temprano.

¿Y quieres quedarte más tranquilo todavía? Hay países en los que, según cuentan las leyendas, se crearon seres parecidos a los ogros, aunque nunca tan malvados como los comeniños del norte de Europa y, en algunos casos afortunados, hasta buenos resultaron dichos personajes.

La próxima vez que creas que la maestra de matemáticas es un ogro, piensa bien si cabe en la descripción antes mencionada; estoy segura de que ella también preferiría para el recreo una rica torta de jamón antes que un niño oloroso y sudado.

DATO INSÓLITO

Shrek es probablemente el ogro más famoso de nuestros tiempos, pero a que no sabías que un supuesto verdadero Shrek vivió en Estados Unidos hasta mediados del siglo pasado. Aunque los creadores de este ogro animado nunca se han pronunciado al respecto, según algunos rumores, la figura de Shrek está basada en el luchador francés Maurice Tillet. Él desarrolló una extraña enfermedad que alteraba sus hormonas del crecimiento y que causó que los huesos de su cabeza crecieran de forma desproporcionada. Debido a su aspecto físico, cuando llegó a luchar a Estados Unidos, lo apodaron el Monstruoso Ogro del Cuadrilátero y también el Ángel Francés. Pídele a algún adulto que te ayude a buscar imágenes de Maurice, y fíjate en su parecido con Shrek. Recuerda que son sólo rumores.

Ogros

Pesadillas

Llegar a un examen de matemáticas sin estudiar, ver que las cosas se mueven solas y tocar el piano son mis peores pesadillas, seguramente porque nunca fui muy buena en matemáticas, porque los fantasmas siempre me dieron un poco de miedo y porque definitivamente no sé tocar el piano.

Pesadillas

¿Cuál es tu peor pesadilla?, ¿que un zombi te persiga?, ¿fallar el penal que haría campeón a tu equipo?, ¿sentir que te caes a un precipicio? No importa si tus sueños horribles incluyen arañas gigantes o perros feroces, nadie parece estar exento de las pesadillas.

Hace muchos años se pensaba que las pesadillas se producían cuando un monstruo, con todo su peso, se sentaba sobre el pecho de quienes dormían (de ahí el nombre «pesadillas»: por lo pesado), aunque algunos creían que se debían a que la gente estaba poseída o había sido presa de un embrujo maligno.

Hoy, algunos charlatanes se dedican a buscar raras interpretaciones de las pesadillas que nada tienen que ver con la realidad, sacando como conclusiones cosas que no han pasado ni pasarán. Lo que sí es cierto es que estos sueños feos reflejan muchas veces aquellas cosas que nos espantan, preocupan o inquietan cuando estamos despiertos, así que no pienses que son sólo una mala broma que te juega la cabeza para hacerte sufrir en cuanto cierras los ojos: las pesadillas siempre tienen una buena explicación detrás.

La fiebre, ciertos medicamentos, tener un trabajo estresante o una tarea pendiente están entre las causas frecuentes de estos pensamientos extraños que aparecen en cuanto nos disponemos a descansar.

A veces, por ejemplo, soñamos que nos ahogamos, lo cual probablemente responde a que estamos dormidos boca abajo y nos entra a los pulmones menos aire del necesario para dormir cómodamente (en mi caso, a veces es porque Mantequilla, mi gato obeso, se acostó justo en medio de mi barriga y no me está dejando respirar).

Y aunque las pesadillas siempre estarán rondando nuestros sueños, es muy lindo despertarse y darse cuenta de que sólo eran parte de una pequeña alucinación. Así que, zombis y arañas gigantes, no nos reten, pues bien sabemos que con abrir los ojos desaparecerán para siempre.

DATO INSÓLITO

Para quienes duermen mal de manera recurrente, se inventaron unos lugares especiales llamados «clínicas del sueño», donde uno va con su pijama, se mete a la cama y, pues hace eso, duerme. Sí, duerme mientras una cámara lo graba, varios aparatos le miden la respiración, el ritmo cardiaco, la temperatura corporal... y detectan, entre otras cosas, los ronquidos, la tensión muscular, si los dientes rechinan, si se le mueven las piernas o los brazos, si habla o camina dormido, si la expresión de la cara es de dolor, de angustia o de miedo, etcétera.

Pesadillas

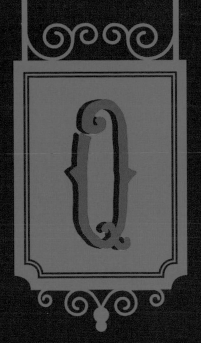

Quimera

¿Qué sería del cine sin la mitología griega? Claro que los dioses y los héroes y todo eso es muy interesante, pero una de las cosas que mejor hacían los griegos era inventar monstruos y criaturas fantásticas. Piensa, por ejemplo, en Quimera. Tenía cabeza y cuerpo de león, cola de serpiente —es decir, no es que tuviera cola de serpiente, sino una serpiente que le salía del trasero— y, ¿por qué no?, en medio del torso, una cabeza de cabra con cuernos.

Se contaba que este tremendo personaje, hijo de dos dioses monstruos y hermano de la famosa Esfinge y de Cancerbero (el perro de tres cabezas), era el azote de un lugar llamado Licia, en donde se comía a todo el que se dejara, incluyendo rebaños enteros. También se dice que era hembra y que era la madre del famoso león de Nemea, a quien luego mató Hércules como parte de sus trabajos. Además de estar hambrienta, arrojaba fuego por la boca de todas sus cabezas. Y en algunas versiones, hasta podía volar.

Incluso cuando no te comía o achicharraba, verla era mala noticia, porque vaticinaba que estaba a punto de pasar alguna desgracia: en particular, una erupción volcánica, pero también tormentas o naufragios; de todo un poco. Como la idea de que existieran monstruos era que los héroes pudieran matarlos de un modo particularmente... digamos... *heroico*, la leyenda dice que a Quimera le llegó su hora cuando Belerofonte, montado en Pegaso (el caballo volador y, por lo tanto, con la ventaja de la estrategia aérea), la atravesó con su lanza desde arriba. Otras versiones muy ingeniosas dicen que a Belerofonte se le ocurrió cubrir de plomo la punta de su arma y que, cuando Quimera escupió fuego sobre esta, se derritió el metal y en seguida el héroe le hizo un agujero en la panza.

Paradójicamente, no muchos han oído hablar de Belerofonte por más heroico que fuera, y en cambio Quimera se volvió famosa, porque su nombre se convirtió en sinónimo de cualquier mescolanza de seres o cosas diferentes: quimeras. La palabra se usa en Medicina, Botánica y Arquitectura, y hasta hay un tipo de tiburón bastante extraño que fue bautizado en honor del monstruo mitológico.

DATO INSÓLITO

¿Sabes lo que es el ADN? Es la información genética que todos tenemos, lo que hace que seamos chaparritos como papá, que tengamos el color de ojos de mamá o que heredemos la sonrisa de alguno de ellos. Es una mezcla de los genes de ambos. La mayoría de las personas tenemos un solo ADN, pero hay algunos casos excepcionales en los que un individuo puede tener dos. Esto ocurre sobre todo cuando hay un embarazo de gemelos o mellizos. Si en las primeras semanas uno de los fetos no consigue desarrollarse, el otro puede absorber las células de su hermano. Si esto ocurre así, el bebé que finalmente llegue al mundo puede tener su propio ADN y, a la vez, el del hermano que no nació. ¡Será entonces una quimera humana!

Quimera

Rayos y relámpagos

Ya hiciste la tarea (¡¡milagro!!) y estás tranquilamente cenando, cuando de repente se suelta un chubasco de miedo; de ese partido de fut que jugaste hace dos horas bajo un sol radiante sólo queda la mugre de tus rodillas

Rayos y relámpagos

y el pantalón roto (y espérate a que lo vea tu mamá, porque está nuevecito y es el que te compró para la escolta). Llueve tanto que parece que el cielo se va a caer en mil pedazos y, como si no bastara con tanta agua, empiezan los temibles rayos, acompañados, por supuesto, de unos sonoros truenos.

Hace muchos años, mi papá me enseñó a calcular a qué distancia caen los rayos. Una vez que veía los relámpagos, contaba así: mil uno, mil dos, mil tres... y de pronto, *ipum!*; se escuchaba el rugido del cielo. Entonces sabía que estaban a tres kilómetros de mí, por ejemplo. Durante mucho tiempo no supe si era cierto o no, pero era una buena manera de distraernos a Maia (mi hermana) y a mí cuando llovía y se iba la luz. Justo al empezar a escribir este libro descubrí que mi papá no mentía y que hay todo un razonamiento científico que avala sus dichos sobre los rayos.

La explicación de los rayos y relámpagos es un poco incierta, pues aparentemente los estudiosos no tienen del todo claro por qué suceden; lo que sí saben es que son descargas eléctricas producidas en las nubes por las diversas temperaturas y los gases que ellas contienen, dos factores que generan un efecto luminoso increíble, esos lindos aunque pavorosos destellos en el cielo. Y sí, lamentamos romperte el corazón, pero las nubes no son de algodón como pensabas, sino el resultado de

la acumulación de gotas de agua y gases varios, así que difícilmente podrás dormir acostado en una de ellas (yo también estoy tristísima con la noticia).

Y mira qué dato más curioso: aunque aparentemente los relámpagos y los rayos son la misma cosa, no lo son en realidad, pues los primeros suceden en las nubes y nunca tocan tierra; en cambio, los segundos viajan a gran velocidad y pueden pegar en árboles, casas o cualquier objeto que esté en contacto con el suelo o con alguna superficie sólida (no te preocupes, pues yo tampoco tenía idea). Y aquí viene la parte fea: México es el país con más muertes resultantes de rayos que se impactan en las personas —llegan a contarse más de 230 al año—, luego vienen Tailandia y África. Pavoroso, ¿no?

¿Quieres aprender algo raro? La persona a la que le pega un rayo, pero sobrevive, quedará marcada de manera muy peculiar en la piel, pues se le dibujará una especie de rayo, como un tatuaje, a veces temporal y a veces permanente, ya que recibió una muy fuerte descarga eléctrica con una alta temperatura y se le rompieron muchos vasitos capilares. ¡Un buen recordatorio de que corrió con suerte y la libró!, diría yo.

DATO INSÓLITO

Hay mucho que aún no sabemos de los rayos. Por ejemplo, su tamaño exacto. Como son descargas eléctricas, es muy difícil medirlos, aunque en promedio andan por los cinco kilómetros de alto y sólo un centímetro de ancho. El más largo fue registrado en Texas: ¡190 kilómetros! Lo que sí se sabe con seguridad es que su potencia es de unos mil vatios... Esto, traducido en tostadoras, es más de cinco mil. Además, hay lugares donde caen más rayos que en otros, dependiendo de las tormentas y la temperatura del aire. En Venezuela, en el lago Maracaibo, se dan los relámpagos del Catatumbo, y surgen hasta 1.6 millones cada año. Otro dato megainsólito: en 1998, cayó un rayo en medio de un partido de futbol en el Congo, que fulminó sólo a los integrantes del equipo visitante. ¿Mera casualidad?

Rayos y relámpagos

Sonámbulos

No sé a ustedes, pero a mí la sola idea de los sonámbulos me da pánico, pues no termino de entender si la gente que tiene este peculiar padecimiento habla y camina medio dormida o medio despierta. Y eso de que al día siguiente no se acuerden de absolutamente nada... no, no, eso no es para mí.

Sonámbulos

Este trastorno del sueño en el que los músculos del cuerpo se activan como cuando estamos despiertos es mucho más común de lo que crees y puede ser hereditario, así que si alguno de tus papás es o fue sonámbulo, adivina qué, mmm... es muy probable que tú seas sonámbulo también. Y como en casi todos los padecimientos, en este también hay distintos niveles de gravedad, por lo que no siempre nos es tan fácil identificarlo, pues el sonámbulo no se pone en riesgo y tiene una actitud serena y pacífica durante sus conversaciones nocturnas o sus paseos, los cuales son con los ojos abiertos aunque estén perfectamente dormidos.

Hay algunos sonámbulos completamente inofensivos (aunque no por eso menos tenebrosos), que se incorporan en la cama, dicen algún incoherente soliloquio y se vuelven a dormir; también existen los sonámbulos que se levantan, tienen un diálogo con su compañero de cuarto y al día siguiente simplemente no se acuerdan de absolutamente nada, aunque todo lo que hayan dicho en esa conversación tenga sentido y no genere sospechas de que estaban en el quinto sueño; están los sonámbulos que se ponen de pie, van a la cocina, abren el refri, se sirven un vaso de leche, se lo toman y regresan a acostarse, y, claro, todo esto sucedió mientras dormían: sólo llegaron hasta su objetivo, en este caso el refrigerador, porque conocen bien el camino.

El noctambulismo, como se conoce también el sonambulismo, sucede en las primeras horas del sueño profundo y
es más frecuente entre los niños. Debido a esto, conforme pasan los años, muy probablemente los paseos y las
largas charlas se reduzcan o desaparezcan por completo. Los episodios pueden durar unos cuantos segundos o
hasta media hora, y si son ocasionales, no tienes nada de
qué preocuparte, pero si te cachan todas las noches en-
cerrado en la despensa atacando las galletas, o tienes un
serio problema de sonambulismo o debes controlar tus
ataques de hambre nocturnos.

DATO INSÓLITO

¿Y quieres leer algo tenebroso en serio? Se ha sabido de ciertos casos en que las personas sonámbulas cometen crímenes graves y al día siguiente no tienen idea de lo que pasó. Este es el caso de Albert Tirrell, que en 1846 fue declarado inocente tras quemar una propiedad y asesinar a alguien; él argumentó no recordar nada de nada, puesto que estaba completamente dormido. Lo mismo sucedió con un hombre británico, el coronel Culpeper, quien en un paseo nocturno, totalmente sonámbulo, mató de un tiro a uno de sus hombres.

Sonámbulos

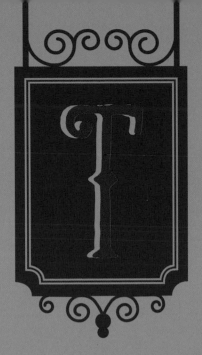

Tenebroso, terrorífico

¿En serio creíste que esta tenebrosa enciclopedia no contendría una definición de lo *tenebroso* entre sus páginas?

Tenebroso, terrorífico

«Claro», dirás, «¡qué fácil es para Kirén hacer un libro lleno de temas horribles y que dan miedo y olvidarse de decirnos cuáles son las cosas más terroríficas del universo!».

¡Pues no! A continuación, algunos de los conceptos más espeluznantes de la historia de la humanidad.

El infinito, ¿te suena familiar? Este es un concepto complicado de entender, pues se refiere, como su nombre lo indica, a las cosas sin fin, que no se sabe ni dónde empiezan ni dónde terminan, como los números. Estos son tan grandes para un lado como para el otro, y no se puede decir: «van desde aquí y hasta acá», porque no los podemos medir. Así que si los nombraras hasta los mil millones de millón apenas irías empezando, por lo que ya puedes ir parando de contar. Si alguien se dedicara a enumerar todos los granos de arena de la playa y el desierto, se tardaría una vida entera y muy probablemente no terminaría; pero, por muchos que parezcan, podemos ponerles una cifra, lo mismo que a las estrellas, cosa que no sucede con los números y su inquietante infinidad. Suena un poco angustiante, ¿no te parece?

Luego viene un tema complicado: la muerte.

No importa si crees en algún dios, en la energía o en una vida previa o posterior, este concepto siempre es complicado de entender. ¿Por qué si aquí estamos tan a gusto esto se tiene que terminar? Algunos pensarán que nuestra estancia en la Tierra es sólo un paso para algo mejor; otros dirán que toca disfrutarla y luego, tal vez, verán si hay algo en el más allá; y otros simplemente no saben ni qué opinar. Sea cual sea el caso, seguro el tema te provoca entre rechazo y malestar. Desde que las personas fueron conscientes de que la vida es finita, han hecho hasta lo imposible por alargarla tanto como les sea posible (la Medicina es un buen ejemplo de ello) y han procurado ser recordados después de morir (muchas de las pirámides tienen esa función). Si te sirve de consuelo, no estás solo; a mí también me da mucho miedo la muerte. ☺

Y por último viene el tiempo. «¿El tiempo?», pensarás, «¿qué tiene de tenebroso el tiempo?». Bueno, pues aunque parezca inofensivo, se deje medir y lo sepamos calcular, el tiempo no se puede detener. Es como un cochecito que avanza, y avanza, y avanza, y aunque le llenes la calle de topes, curvas y obstáculos, consigue librarlos todos y seguir avanzando, siempre constante y a la misma velocidad. No importa si estás jugando el mejor partido de tu vida o si estás en la clase de matemáticas más aburrida, tarde o temprano, ambas cosas se van a terminar. Eso implica que todo lo que empieza llega a su final.

DATO INSÓLITO

La idea de lo tenebroso cambia según cada cultura... Por ejemplo: ¿qué opinarías de sacar a pasear a un muerto? No, no en su ataúd, sino vestido, bañado y peinado tras haber permanecido un buen rato bajo tierra. Pues en Indonesia esa es una peculiar tradición que se practica desde hace mucho tiempo y, aunque nos parezca aterrador, nosotros los mexicanos vamos a comer con nuestros familiares a sus tumbas en día de muertos, ¿qué no?

Así que lo terrorífico y lo tenebroso, como casi todo en la vida, parece ser relativo, ¿y sabes qué?, ¡qué bueno!, porque eso nos hace diferentes y divertidos.

Tenebroso, terrorífico

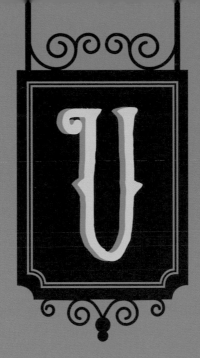

Ultratumba

—¿Sabes dónde van a enterrar a Ultramán cuando se muera?

—¡En la ultratumba!

—¡Ja, ja, ja! —Entran risas grabadas.

Ultratumba

Las tumbas y las ultratumbas son de los temas más pavorosos en el mundo de los vivos, así que decidí empezar con un chistecín para no estar tan tensos (por cierto, Ultramán es un superhéroe de caricatura japonesa que surgió en los años sesenta).

Mucha gente supone que hay vida después de la muerte. Algunos creen que reencarnarán en algo más y todo dependerá de cómo se hayan portado; si fueron rateros, políticos corruptos o malas personas, o todas las anteriores, seguramente en su próxima vida nacerán como cucarachas, como ratas o como uñas enterradas; pero si fueron buenos y procuraron hacer el bien, muy probablemente sean un conejito de pelo suave en manos de una familia amorosa, un rey muy rico o un mango tan perfumado que nadie querrá comérselo por su extraordinaria belleza y su incomparable aroma. Existen quienes creen que después de la vida lo material se transforma y, cuando el cuerpo desaparece, el espíritu cobra un nuevo significado y hasta pasa a un plano diferente. Y también estamos los que creemos que después de la vida no hay nada de nada, pero, aunque sepamos que los fantasmas no existen, igual nos gusta pensar en ellos y en cosas tenebrosas para divertirnos y pasar un poco de miedo.

¿Pero exactamente qué quiere decir la palabra «ultratumba»? Pues se refiere, digamos, a todas las cosas terroríficas, tenebrosas y oscuras que suceden después

de la vida o una vez que nos morimos; léase fantasmas, apariciones extrañas, objetos que se mueven de su lugar, ruidos raros, presencias misteriosas y gente poseída.

Si lo tuyo es el terror y tienes ganas de saber más sobre el término en cuestión, los títulos de las películas no tienen mucho que aportar, pues parece que por lo general los guionistas de cine no andan inspirados en temas de sustos cuando se sientan a escribir. Que si *Secretos de ultratumba*, que si *Cuentos de ultratumba*, que si *Encuentros de ultratumba*, ¡y hasta *Bodas de ultratumba*! ¡¡Pfffff!! Hazme el favor... ¿Y te dije que todas tienen unas portadas pavorosas con espectros malencarados, calaveras y señoritas aterradas? (Sobre todo la película de la novia).

La verdad es que me la estoy dando de valiente, porque las películas de fantasmas, muertos vivientes y cosas extrañas, aunque me encantan, me dan pavor. Claro, de día ando muy salsa hablando de cosas de miedo, pero en las noches empiezo a ver cosas donde no las hay, a escuchar los ruidos de siempre y a sacar conclusiones extrañas, y claro, a suponer que justo esa noche llegó un espíritu a llevarse mi alma al más allá. Entonces tengo que echar a andar el sentido común y repetirme veinte veces: sugestión, sugestión, su-ges-tión.

DATO INSÓLITO

Siempre se ha creído que las personas de ultratumba no pueden comunicarse con los vivos más que presentándose como espectros, tirando cosas y ocupando cuerpos de videntes con bolas de cristal. Pero, ¿y si gracias a la tecnología esto cambiara? Hay redes sociales como In Memoriam, Elysway o Rememori en los que se crean perfiles de difuntos para que sus seres queridos manden sus condolencias. Como un panteón *on-line*. Y hay hasta un hombre alemán, un tal Jürgen Bröther, que ha inventado un teléfono para los muertos llamado Ángel-móvil. Bueno, no te puede comunicar con el muerto, pero el aparato se instala en el ataúd y te permite llamar a tu ser querido para... ¡hablarle durante todo un año! A mí me entra una duda: ¿qué pasa si el difunto contesta?

Ultratumba

Vampiros

Ser vampiro es muy complicado: nada de *hot cakes* porque seguro son intolerantes al gluten, cero azúcar porque se ponen nerviosos y ni hablar de la cafeína porque se les espanta el sueño. ¿Refrescos? ¡De ninguna manera!, porque se les pican los colmillos. ¿Y qué hay de la playa, el mar, los cocos, las palmeras y los camarones al mojo de ajo? ¡No, señor! Los vampiros odian el sol, y del ajo ni hablamos, pues podría convertir unas lindas vacaciones en los peores días de su vida.

Su dieta es muy rigurosa y está basada, adivina en qué, ¡claro!, en sangre. Y la verdad es que tan mal gusto no tienen estos chavos, pues no son los únicos comedores de la espesa sustancia: los humanos tenemos hábitos similares y hemos demostrado que se pueden hacer unos extraordinarios y deliciosos embutidos con la sangre, algo así como unas salchichas llamadas «morcilla» o «moronga», que suelen incluir, dependiendo de la región, una rica mezcla de arroz, piñones, cebolla, ajo, sal, un poco de azúcar, unas cuantas especias y, sí, sangre de cerdo coagulada. Suena terrible, lo sé, pero son un gusto adquirido del que me declaro culpable.

¿Quieres más datos espeluznantes sobre los comedores de sangre? Y no, no hablamos precisamente de los vampiros. Resulta que, a veces, los viajeros que se pierden en el bosque o en las montañas toman, para alimentarse y no morir de hambre, sangre de sus caballos ¡vivos! ¡Vivos! ¡¡Viiiivoooos!! Para lograrlo les cortan un poquito una vena del cuello y van recibiendo la sangre en una taza o receptáculo. Después la toman sola o mezclada, con agua o con leche. Esta es una costumbre mongola, pero otros pueblos criadores de caballos hacen lo mismo. Ya sé: sin comentarios...

Hay otros animales, además de nosotros, con personalidad y hábitos alimenticios de vampiro, como los mosquitos y algunos murciélagos; ambos comen sangre y pueden transmitir terribles enfermedades si nos pican o nos muerden. Los primeros: zika, malaria, dengue o chicunguña, entre otras (con las que generalmente la víctima termina muy mal); los segundos, la tan temida rabia.

Pues yo no sé... mira que será la sangre, serán los colmillos, será la morcilla o será el sereno, pero a mí los vampiros, pálidos como la leche y con un carácter del terror, me siguen pareciendo muy simpáticos y divertidos, aunque ciertamente tienen una fama terrible... y con razón.

DATO INSÓLITO

Los vampiros han protagonizado decenas de películas, libros, series y videojuegos a lo largo de los años. Y, claro, tenemos a nuestros favoritos. Digamos que el más famoso de todos, por si te preguntan o tienes ganas de impresionar a alguien, es Drácula, creado por el irlandés Bram Stoker en 1897; esta sangrienta historia transcurre en Transilvania, una de las regiones más lejanas de Hungría, y ha quedado en nuestra memoria por su increíble trama de terror. De acuerdo con ella, el conde, como buen vampiro, no se refleja en los espejos, vive prácticamente de noche y nunca come en público. Y, claro, en el libro de Stoker, como en todos los de vampiros, no pueden faltar ni los ajos ni las estacas que se clavan en el corazón.

Vampiros

Walpurgis

¿Has oído hablar de Santa Walpurga? Suena como alguien a quien le rezas cuando estás constipado. Pero no. Santa Walpurga fue una abadesa inglesa del siglo VIII muy piadosa y buena, a la que convirtieron en santa. Debido a que su fiesta caía el 1 de mayo, la noche del 30 de abril comenzó a conocerse en varios países de Europa como la noche de Walpurgis. Sólo que las celebraciones de esa noche no le habrían hecho mucha gracia a Santa Walpurga, porque

Walpurgis

con el tiempo se convirtieron en la fiesta de las brujas, una ocasión de carnaval en el que se celebraba la llegada de la primavera y el fin del invierno.

En los países en los que no hay inviernos muy duros, como México, no entendemos por qué la llegada de la primavera es tan importante, pero imagínate que vives en un lugar en el que te congelas durante meses, no deja de caer nieve, las noches son eternas y tienes que comer pura comida seca o conservada en salmuera... ¡iiuuug! Y además estás pegado a toda tu familia, porque no hay nada que hacer fuera. Y de pronto se asoman los primeros brotes de la naturaleza, sube la temperatura y cantan los pajaritos. ¡Claro que quieres celebrarlo y hacer unas cuantas locuras!

Y esto nos lleva de regreso a la noche de Walpurgis. Se supone que a las brujas y a los espectros también les gusta la primavera; en esa noche en particular salen a reunirse con el demonio y a asustar a los vivos, quienes tienen que disfrazarse, hacer mucho ruido y también emborracharse un poco con el objetivo de espantar a los seres malignos. Es tradicional hacer hogueras muy grandes, lo cual no viene mal, porque, aunque sea primavera, sigue haciendo un frío espantoso, sobre todo de noche.

Y aprovechando que todo mundo está en la calle... en Alemania, los niños decoran con listones ramas de abedul y las dejan en secreto frente a la casa de las niñas que les gustan, mientras las brujas bailan en el Brocken, una de las montañas más altas del país.

La noche de Walpurgis se parece un poco a Halloween, pero con menos miedo y más fiesta. De modo que si a principios de la primavera vas a Suecia, Estonia, Alemania, Finlandia u otro país de Europa, llévate una matraca.

DATO INSÓLITO

Trece, qué mala suerte. Para los estadounidenses, viernes 13. Para los hispanos, martes 13. Para los persas, un día para escapar al campo, porque el mal acechaba en las ciudades. Para los griegos, una jornada de evitar sembrar cultivos. Para los nórdicos, la cifra de deidades que se reunieron cuando Loki asesinó a Balder, dios de la luz. Y sí... para las brujas, el número de integrantes en una reunión perfecta: el *akelarre*. *Aquelarre* es una fiesta de excesos; la palabra significa (en euskera, una lengua de las más complicadas): «frente al macho cabrío», animal que es el símbolo del diablo en la cultura católica e invitado de honor en festividades brujeriles, como la de Walpurgis. No me extraña que con tantas coincidencias haya hasta una fobia al número trece: ¡triscaidecafobia! Da espanto hasta la palabra misma.

Walpurgis

X, rayos X

Si te propusieran ver un esqueleto en vivo y a todo color, ¿qué dirías? Un montón de huesitos lisos y muy
blancos, unos cortos y otros largos, sólidos y muy duros,
sin carne, ni pelo, ni piel que los cubra. ¿Te animarías?
Parece una experiencia escalofriante, pero seguro yo
aceptaría el reto.

X, rayos X

¿Y qué tal si te dijeran que ese esqueleto es el tuyo? ¡Ah!, ahora sí suena de terror, ¿verdad?, pues para ver tus huesos pelones tendrías que estar básicamente... muerto. Y de estar muerto, como que sería un poco complicado ver tus huesos o cualquier otra cosa, ¿no?

Pero hay una manera de ver nuestra propia calaca estando vivitos y coleando, y es gracias al invento del físico alemán Wilhelm Conrad Röntgen, de 1895, que revolucionó, entre muchas otras cosas, el mundo de la Medicina. Nos referimos, por supuesto, a los misteriosos y asombrosos rayos X.

Cuando Röntgen mostró al mundo su descubrimiento, lo hizo con una radiografía de la mano izquierda de su esposa, que dejaba ver, además de muchos huesos, su anillo de casada; esto le daría no sólo fama mundial (el invento, no lo del anillo de casada), sino que le valdría años después el primer Premio Nobel de Física, en 1901.

Los rayos X, esa increíble aportación a la Medicina moderna, esos que nos permiten ver el esqueleto de las personas, son utilísimos, pues han sido la herramienta fundamental para reparar brazos y piernas rotas o para indagar en el interior de la barriga y encontrar los objetos extraños que se tragan los niños traviesos (no se te ocurra tragar uno ni de chiste: puede ser muy peligroso), entre otras misiones heroicas. Y no sólo sirven para entender muchísimo mejor el mecanismo en el cuerpo de animales y personas vivos, sino también para conocer qué hay dentro de momias muy frágiles y quebradizas y hasta de objetos antiguos, como sarcófagos.

¿Y cómo funcionan? Pues, lo primero que tienes que saber es que los rayos X nos dejan observar a través de superficies blandas como la piel y los tejidos, pero no de los huesos, que, como dijimos antes, son demasiado sólidos para ser atravesados por los rayos. Estos se parecen a la luz visible, sólo que con una frecuencia distinta y con mucha más energía, lo que les permite entrar en los tejidos donde la luz convencional no puede; ¡vamos!, son como una fotografía de esa radiación plasmada en placas especiales.

Hoy, los rayos X son usados principalmente por los doctores, pero también por los policías de los aeropuertos en las bandas de seguridad por las que cruzan las maletas, mochilas y portafolios de cientos de miles de personas al día.

DATO INSÓLITO

Entre las cosas más extrañas que se han encontrado dentro del cuerpo humano están seguritos para la ropa, navajas, una granada explosiva que por suerte no estalló, baterías (esto puede ser fatal al entrar en contacto con los ácidos del estómago), tijeras quirúrgicas, media cuchara de metal, un tenedor, una figurita de Bob Esponja, llaves y hasta un celular (¿habrá recibido llamadas ahí dentro?). La gente de verdad es rara. Pero hay casos todavía más graves: existen personas que transportan sustancias prohibidas, o sea drogas, de un lugar a otro, en su estómago, para lo cual se tragan pequeñas bolsitas que con frecuencia son detectadas gracias a los maravillosos rayos X. ¡Muy peligroso! Así que, ya sabes: ¡nada de objetos extraños a la boca!

X, rayos X

Yeti

Hace muchos años nació la leyenda del hombre de las nieves... ¡Vainilla, fresa o limón!, ¡lleve sus nieveeeees! Bueno, no, no esas nieves. Y no, no ese hombre de las nieves. En realidad hablo del único y abominable hombre de las nieves (*oséase* un ser malisisísimo).

Yeti

Se hablaba de una especie de gigante peludo que habitaba en el Himalaya, en el Tíbet, en Nepal y en Bután. Se decían cosas terribles de él, aunque en realidad parece que era bastante tímido; además, que yo sepa, no le hizo mal a nadie. Huía del contacto humano y sólo dejaba algunos indicios de su presencia, como las huellas de sus grandes pisadas (de hasta 45 centímetros) o la maleza y las ramas rotas que quedaban a su paso. Muchos escaladores y exploradores aseguran haber visto sombras y grandes siluetas en sus expediciones, además de esas enormes huellas de patas marcadas en la nieve a grandes alturas de las montañas.

Con los rasgos y el cuerpo de un simio muy alto y muy fornido, con un pelaje largo y unas patotas sobre las que se sostiene y anda como un humano, el Yeti, o Meh-Teh, como lo conocen los indígenas de la región, es parte importante de la mitología e historia de ciertas culturas. Y aunque muchos aseguran que es de verdad, nadie tiene pruebas contundentes de su existencia.

Y aquí vienen los principales problemas: como en serio nadie lo ha visto, los científicos se niegan por completo a aceptar que sea real, pues ciertamente no hay más que rumores en torno al famoso y misterioso hombre de las nieves; no sabemos qué come, si tiene hijos, si duerme

de pie o acostado... Así que sin huesitos de Yeti para medir, ni pelito de Yeti para tocar, ni dientitos de Yeti para ver, es difícil comprobar que no sea más que una linda leyenda que ha perdurado en el tiempo: la del solitario hombre de las nieves.

DATO INSÓLITO

Hay quien dice que el Yeti es el ser legendario más busca-do de la historia. Para dar con él tienes que hacerte alpi-nista; no hay otra opción. El Himalaya es una cordillera inmensa, muy escarpada y con casi nueve mil metros de altura sobre el nivel del mar. ¿Sabes cuánto es eso? Compáralo con tu estatura. Y ahora que te has medido con el Himalaya, tienes que saber que para sobrevivir semanas enteras caminando por lo que llamamos *el techo del mundo,* necesitas un fuerte entrenamiento físico y psicológico. Con mucha experiencia de esto a sus espaldas, el alpinista y periodista español César Pérez de Tudela es el único occidental que asegura haber visto a un Yeti que medía más de dos metros de altura. Sin embargo, no sacó ninguna foto, por eso muchas personas desconfían. ¿Tú qué opinas?

Yeti

Zombis

No creas que los muertos estaban un día superaburridos y decidieron levantarse para convertirse en zombis, ¡no! Los que saben de actos sobrenaturales entienden que estos cuerpos fueron producto de un embrujo que los hizo transformarse en seres malignos y que a partir de entonces, su objetivo primordial fue reclutar más muertos para hacerlos zombis también y, por lo tanto, esclavos de algún brujo. O bueno, algo así.

Zombis

En el mundo de la ficción nos encontramos con zombis por todos lados: libros, películas, series televisivas, cómics y videojuegos. Y, claro, el disfraz de zombi está en la lista de los favoritos para ocasiones especiales o emergencias, pues sólo basta con ponerse ropas viejas y desgastadas, despeinarse lo suficiente, caminar medio chueco, poner cara rara y babear un poco. Los zombis son tan populares que incluso se realizan marchas por las ciudades, a las que la gente llega perfectamente maquillada y ataviada para desfilar por las calles como zombis; desfilan junto a cientos de otros fanáticos de esta popular tendencia.

Según datos históricos, la leyenda de los zombis nació en Haití hace muchos años, y hay varias teorías al respecto. Algunos creen que existe una relación entre los esclavos de aquel lugar y estos seres, pues su atuendo roto y maltratado, sus pobres hábitos alimenticios, sus cuerpos casi esqueléticos y su lento caminar recordaban a los de un muerto viviente.

¿Y quieres leer algo más macabro todavía? Se habla de que ciertos santeros de ese país, que usan una mezcla de sustancias químicas un poco tóxicas que encontraron en algunas ranas venenosas y en el pez globo, pueden hacer que la gente entre en un estado como de zombi llamado «catalepsia». En este, el cuerpo tiene

signos vitales, pero son casi imperceptibles: el corazón late muy despacito y la persona respira tan lento que da la impresión de que no lo hace; además, obviamente no habla ni camina. De miedo, ¿no?

Mientras averiguamos si los zombis de las caricaturas comen cerebros, carne humana o son vegetarianos y se alimentan de tofu y verduras al vapor, procuremos que la esclavitud desaparezca por completo y no vuelva a inspirar ni cuentos, ni videojuegos, ni libros de terror.

DATO INSÓLITO

Son muchas las personas que hasta el día de hoy tratan de buscar una explicación científica al fenómeno zombi. Una de las teorías es la neurogénesis, que no es más que la creación de nuevas neuronas y que se da sobre todo cuando estamos en la barriga de nuestra mamá. No hace mucho se descubrió que este proceso sigue activo en la mente de algunos mamíferos (como nosotros). Hay quien ha relacionado esto con la posibilidad de que una persona muerta pueda regenerar la parte del cerebro que controla las funciones simples, tales como ponerte de pie o comer. Pero a pesar de dicha regeneración, lo que nos hace sentir o pensar moriría sin remedio, por lo que podríamos convertirnos literalmente en muertos vivientes. Claro que esto es una posibilidad muy remota.

Zombis